AF630022

Der große Stickerspaß

SUPER-CARS

Gestaltung: Marc Maynard
Text: Simon Tudhope
Illustrationen: Gong Studios

INHALT

Wir schreiben das Jahr 2041 und die besten Supersportwagen der Welt messen sich in einem wilden Rennen durch moderne, funkelnde Städte und sengend heiße Wüsten. Die Strecke ist schwierig und die Konkurrenz groß. Welches Auto wird als Erstes ins Ziel kommen?

DRACHE

Die Autos bremsen abrupt, als die Brücke unter ihnen wegbricht. Aber die Fahrerin des Drachen gibt sich nicht so leicht geschlagen. Mit einem Knopfdruck aktiviert sie den Düsenantrieb und ihr Supercar hebt ab.

EIGENSCHAFTEN

Geschwindigkeit:	7
Robustheit:	7
Können:	6
Mut:	8
Fahrer/-in:	Kristina Letova

GRIP

Ein umgestürzter Lkw liegt quer über der Straße. Aber von so einer Kleinigkeit lässt Grips Fahrer sich nicht aufhalten! Eine kurze Drehung am Lenkrad genügt – schon rast der Wagen die Wand hinauf und fährt an der Tunneldecke weiter.

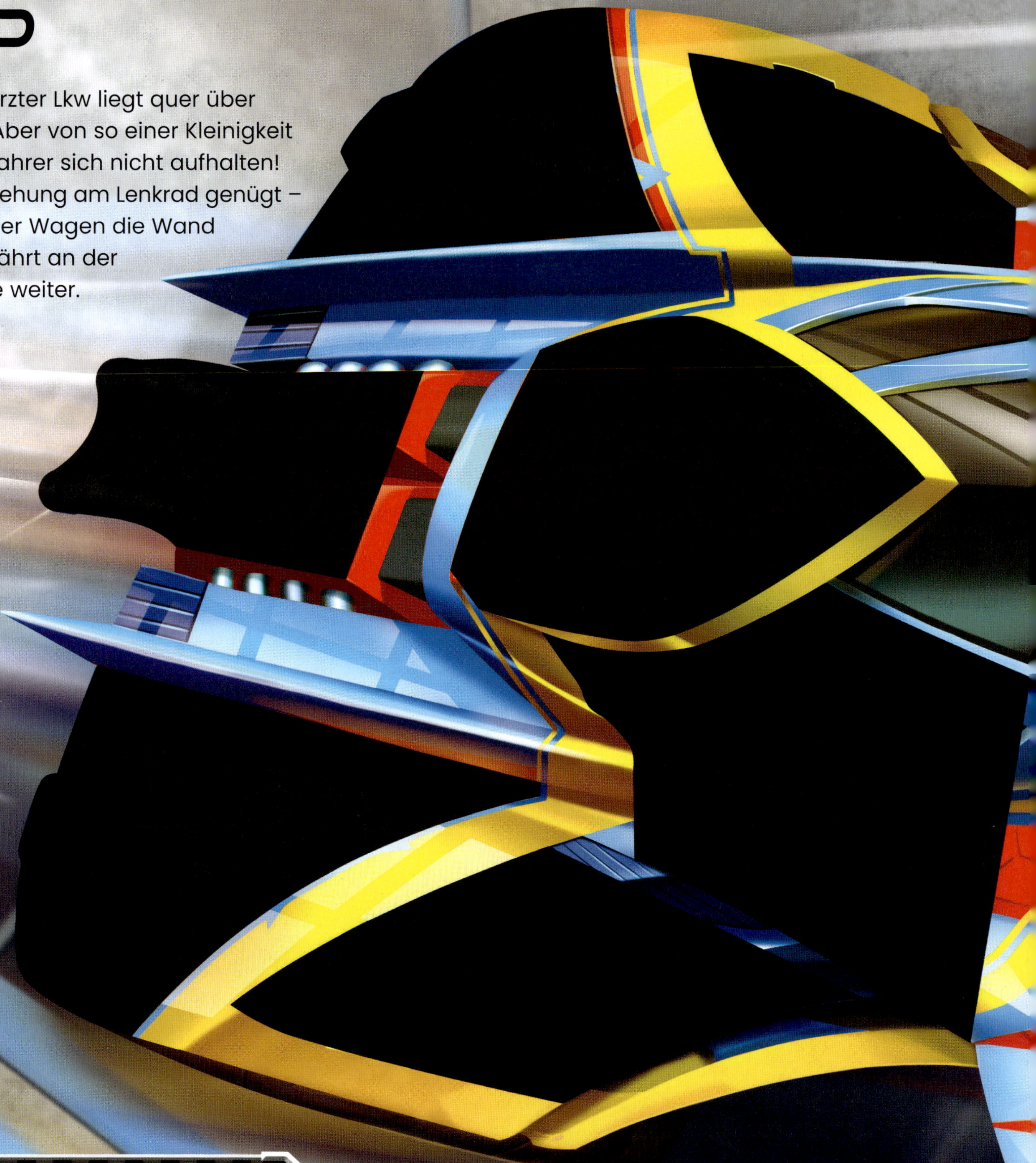

EIGENSCHAFTEN

Geschwindigkeit:	8
Robustheit:	5
Können:	9
Mut:	9
Fahrer/-in:	Goldzahn-Dieter

SCHLACHTKREUZER

Weiter vorne auf der Strecke steht eine Straßensperre. Mit einem selbstsicheren Grinsen ruft der Fahrer: „Da müsst ihr euch schon mehr einfallen lassen!“ Dann gibt er Vollgas und zerschmettert die Blockade. Der Wagen brettert fast unbeschädigt und unaufhaltsam weiter.

EIGENSCHAFTEN
Geschwindigkeit: 5
Robustheit: 10
Können: 6
Mut: 9
Fahrer/-in: Jörg „Keule" Johanson

REIFENSTECHER

Dieses Auto und seine Fahrerin schrecken vor nichts zurück. Wenn ein Rivale überholen will, schleudert Reifenstecher stachlige Metallkugeln über die Straße. Die Kugeln fetzen dem Gegner die Reifen von den Felgen.

EIGENSCHAFTEN

- Geschwindigkeit: 5
- Robustheit: 7
- Können: 6
- Mut: 8
- Fahrer/-in: Trixie „Hexe" Gamal

SCHATTEN

Der Fahrer des Schattens ist ein Veteran dieser Rennen. Niemand kennt mehr Schleichwege als er. Mit quietschenden Reifen fegt er durch ein Labyrinth aus dunklen Gassen und verlassenen Lagerhäusern und setzt sich dann seelenruhig in die Poleposition.

EIGENSCHAFTEN

Geschwindigkeit:	7
Robustheit:	8
Können:	9
Mut:	10
Fahrer/-in:	Axel Schwarz

EISZACKE

Ob die Abkürzung über den gefrorenen See wirklich so eine gute Idee war? Der Fahrer von Eiszacke umklammert das Lenkrad fest, als das Eis zu brechen beginnt. Es sind nur noch wenige Meter bis zur rettenden Straße. „O Mann!", murmelt er. „Nur noch ein kleines Stückchen ..."

EIGENSCHAFTEN

Geschwindigkeit:	5
Robustheit:	8
Können:	7
Mut:	8
Fahrer/-in:	Siggi „Sackgasse" Seiler

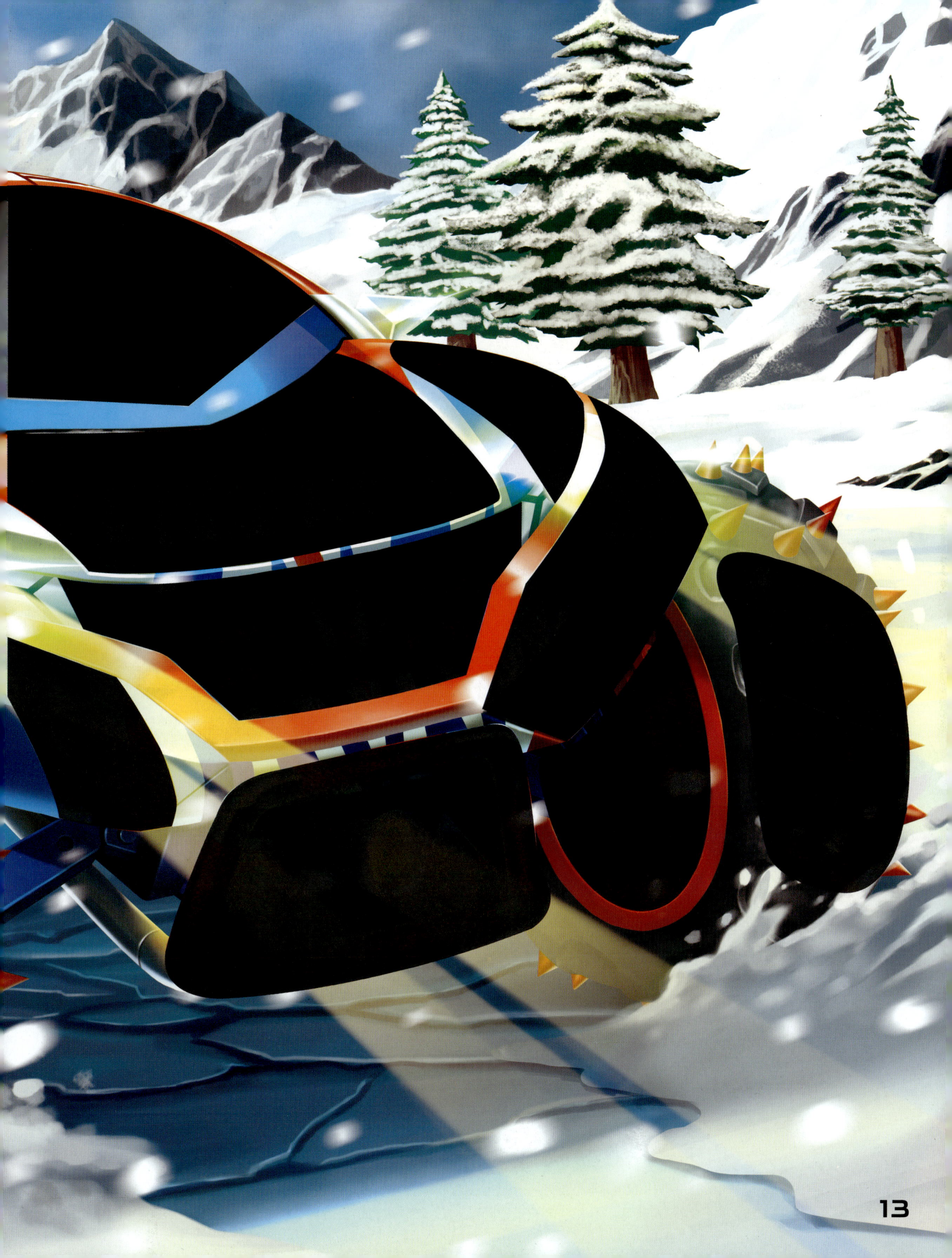

SCHOCKWELLE

Der Fahrer von Schockwelle lässt die anderen Autos ganz nahe an sich herankommen, bevor er seine Geheimwaffe zum Einsatz bringt. Es blitzt einmal grell auf und der Geruch von verschmortem Metall verrät, dass der Angriff auf die Elektronik der Rivalen ein voller Erfolg war.

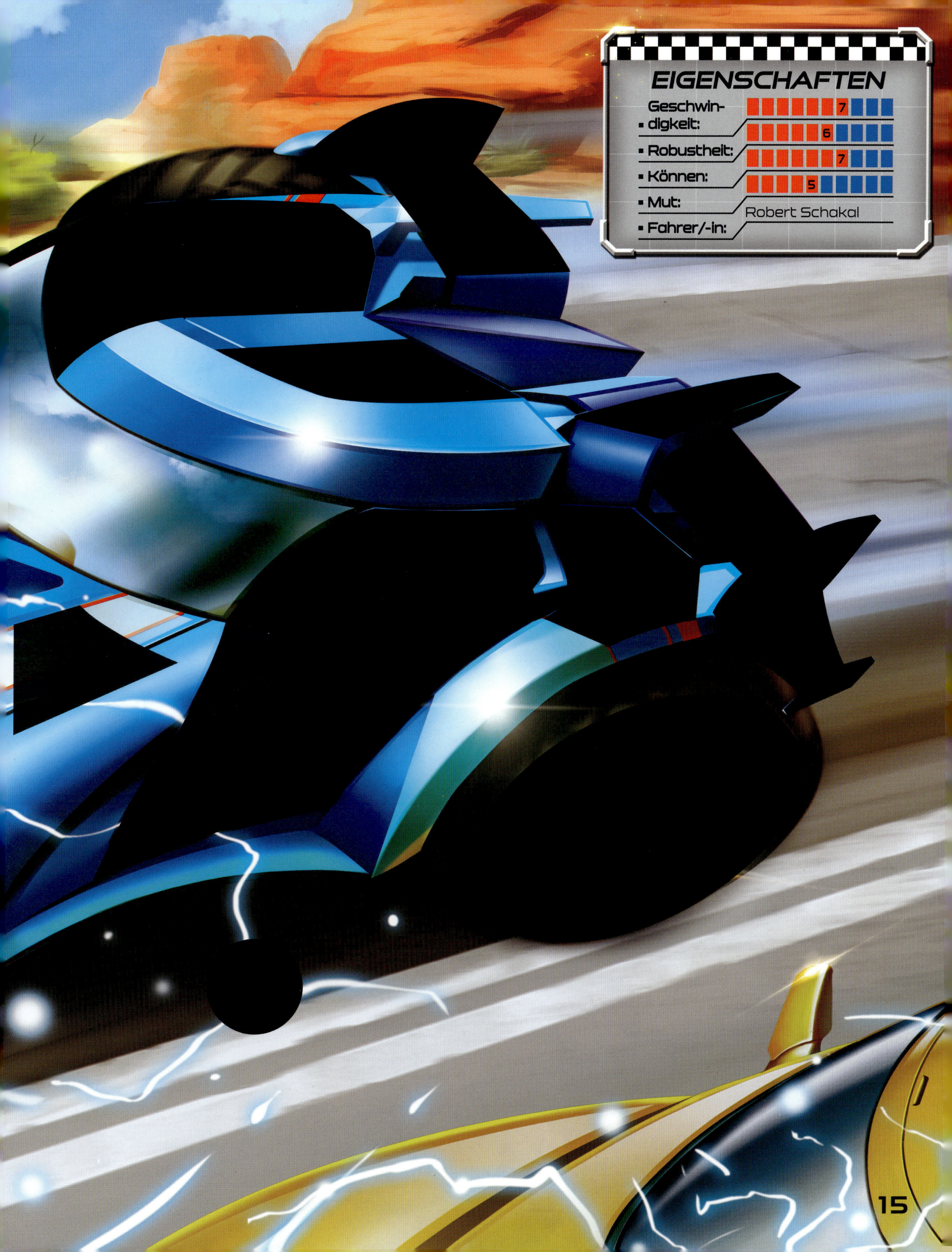

EIGENSCHAFTEN

Geschwindigkeit:	7
Robustheit:	6
Können:	7
Mut:	5
Fahrer/-in:	Robert Schakal

SEEWOLF

Andere Wagen mögen am Engpass vor dieser Brücke abbremsen, doch die Fahrerin des Seewolfs wagt den Sprung von der Klippe. Sie reißt das Steuer nach oben und gleitet über die Wellen hinweg.

EIGENSCHAFTEN

Geschwindigkeit:	5
Robustheit:	7
Können:	7
Mut:	9
Fahrer/-in:	Gina Sugita

FLAMMENWURF

Sobald sie einen geraden Streckenabschnitt erspäht, wirft die Fahrerin von Flammenwurf ihre Nachbrenner an. In den Gebäuden ringsumher zerspringen die Fenster, als das Auto mit ohrenbetäubendem Motorgeheul davonbraust.

EIGENSCHAFTEN

Geschwindigkeit:	10
Robustheit:	8
Können:	6
Mut:	8
Fahrer/-in:	Salma Sasani

ORKAN

Das Ende der Straße kommt näher und näher, doch der Fahrer bremst nicht. Im letzten Moment reißt er das Lenkrad herum und der Greifhaken gräbt sich in die Felswand, während der Wagen gerade noch die Kurve nimmt.

EIGENSCHAFTEN

Geschwindigkeit:	5
Robustheit:	7
Können:	8
Mut:	9
Fahrer/-in:	Piet „Grinser" Bötte

V.E.C.T.A.

Hinter den getönten Scheiben dieses Rennwagens steckt eine Maschine, die schneller denkt als jeder Mensch. Sie analysiert die Schwächen des Fahrers vor ihr und berechnet den perfekten Moment zum Überholen. Eine kühle Roboterstimme verkündet: „ERFOLGSCHANCE: 100 %."

EIGENSCHAFTEN

Geschwindigkeit:	8
Robustheit:	5
Können:	10
Mut:	8
Fahrer/-in:	

WORTERKLÄRUNGEN

>> ***DÜSENTRIEBWERK:*** Ein Triebwerk, das Gase mit hohem Druck nach hinten hinausschießt und so dem Fahrzeug Schub nach vorne gibt.

>> ***ENGPASS:*** Ein enger Streckenabschnitt. Wenn dort viele Autos gleichzeitig unterwegs sind, müssen sie langsamer fahren.

>> ***GASPEDAL:*** Das Pedal, mit dem ein Auto in Bewegung gesetzt wird. Je stärker es gedrückt wird, desto schneller fährt das Auto.

>> ***GREIFHAKEN:*** Ein Seil mit einem Haken am Ende.

>> ***NACHBRENNER:*** Eine Vorrichtung an einem Düsentriebwerk, die Abgase verbrennt, um die Leistung zu erhöhen.

>> ***VETERAN:*** Jemand, der viel Erfahrung mit etwas hat.

Digitale Bearbeitung: Keith Furnival

Übersetzung aus dem Englischen: Heike Osborne • Redaktion der deutschen Ausgabe: Andreas Rode
Satz der deutschen Ausgabe: Carolin Günther

3. Auflage 2024 © 2021 für die deutsche Ausgabe: Usborne Publishing Limited, 83-85 Saffron Hill, London EC1N 8RT, Großbritannien. Deutsche Niederlassung: Usborne Verlag GmbH, Prüfeninger Str. 20, 93049 Regensburg, Deutschland. Titel der Originalausgabe: Build your own Supercars © 2021 Usborne Publishing Limited, London. Der Name Usborne und das Ballon-Logo sind eingetragene Markenzeichen von Usborne Publishing Limited. Alle Rechte vorbehalten.

DRACHE Seite 2–3

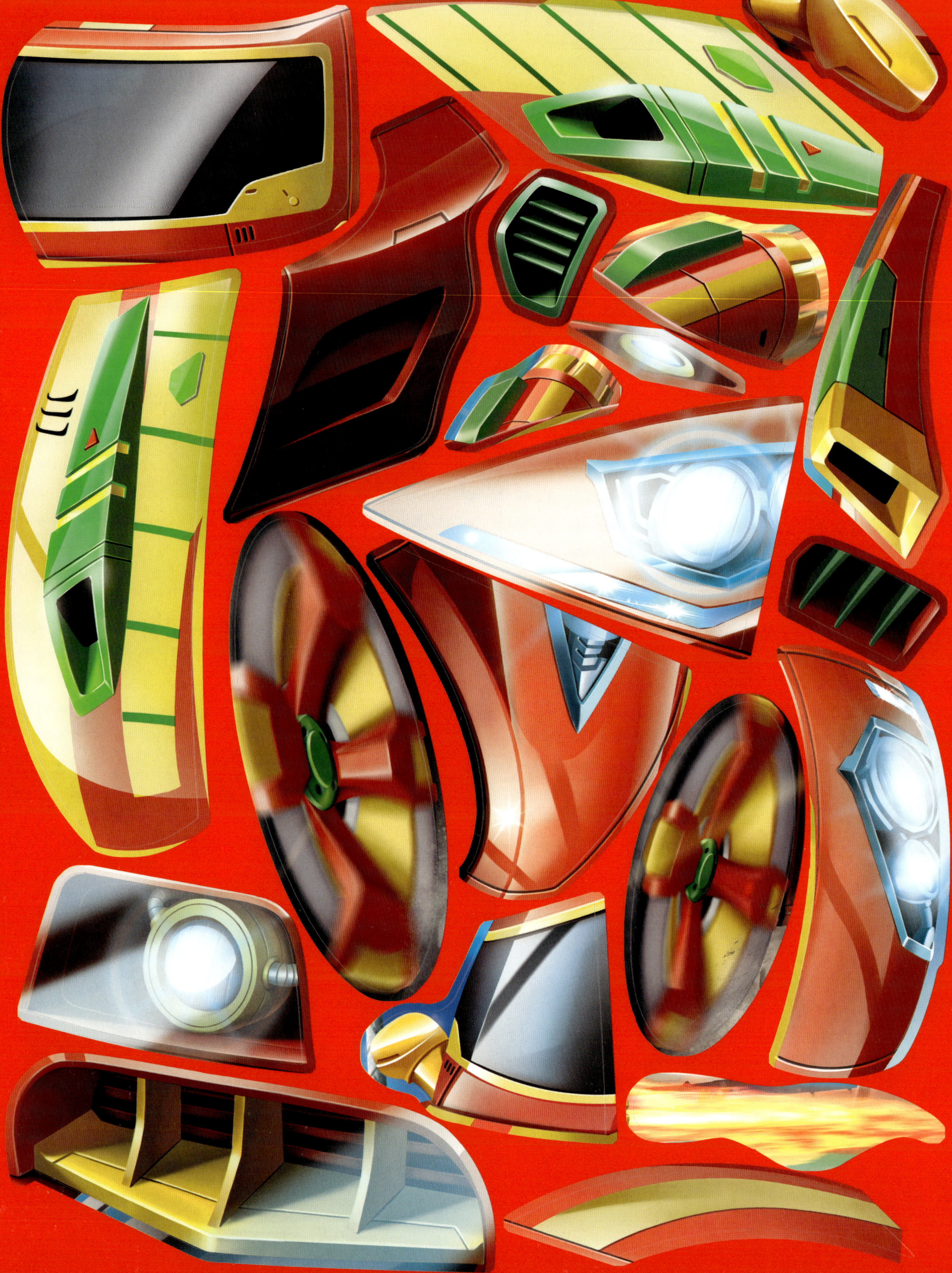

SCHLACHTKREUZER Seite 6–7

REIFENSTECHER Seite 8–9

EISZACKE Seite 12–13

SEEWOLF Seite 16–17

FLAMMENWURF Seite 18–19

ORKAN Seite 20–21

V.E.C.T.A. Seite 22–23

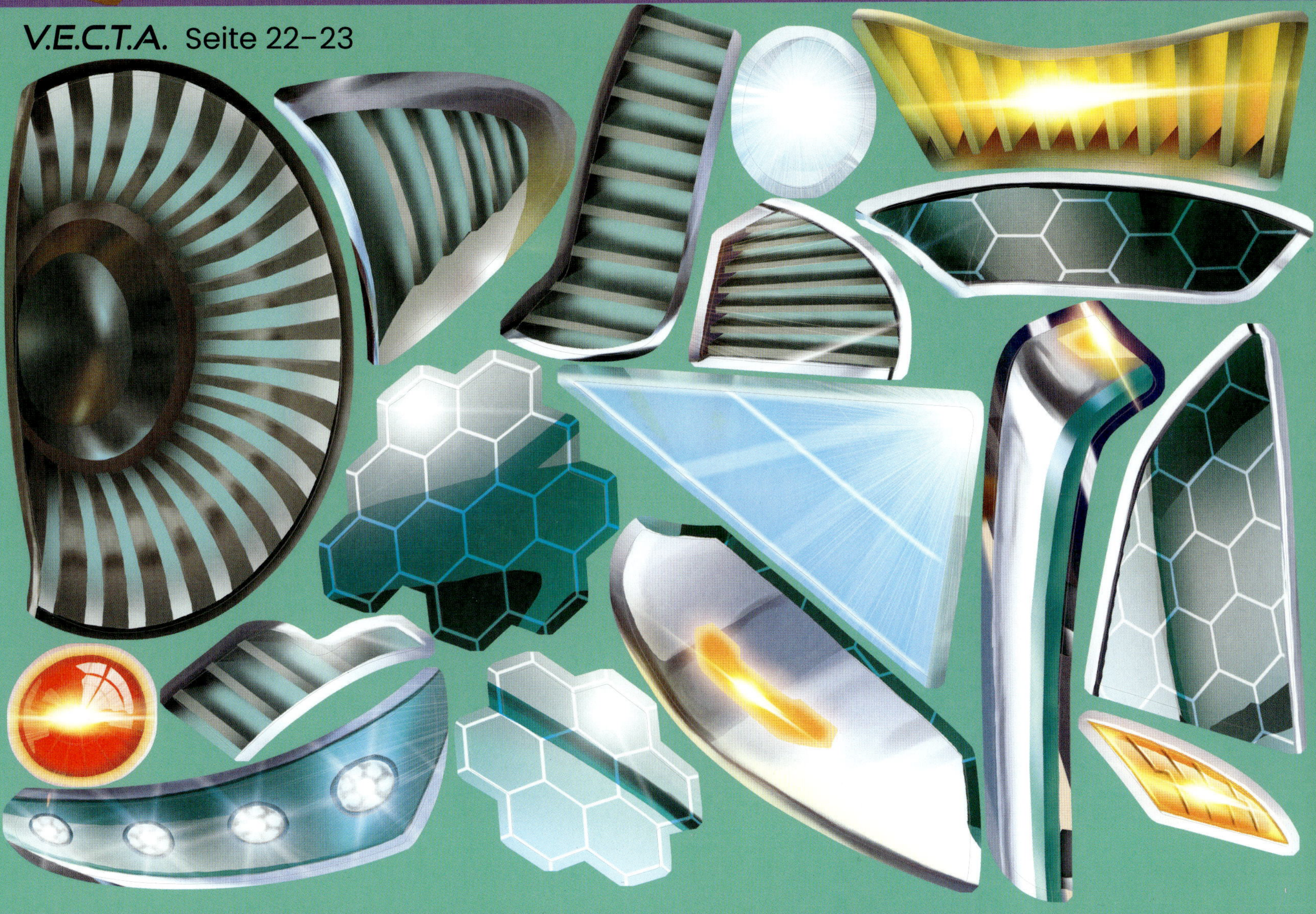